SACRAMENTOS

Catequistas de adultos

Batismo: fonte de todas as vocações – Valter Goedert
Crisma: vigor de todos os carismas – Valter Goedert
Eucaristia: pão para a vida do mundo – Valter Goedert
Formação bíblica para catequistas – Pe. Leomar Brustolin (coordenador)
Sacramentos: maravilhas da salvação – Valter Goedert

Valter Maurício Goedert

SACRAMENTOS
Maravilhas da salvação

Dados Internacionais de Catalogação na Publicação (CIP)
(Câmara Brasileira do Livro, SP, Brasil)

Goedert, Valter Maurício
  Sacramentos : maravilhas da salvação / Valter Maurício Goedert.
— São Paulo: Paulinas, 2004. — (Coleção catequistas de adultos)

  Bibliografia.
  ISBN 85-356-1276-9

  1. Catequese — Igreja Católica 2. Sacramentos 3. Salvação
I. Título. II. Série.

04-0280   CDD-234.16

Índice para catálogo sistemático:
  1. Sacramentos : Salvação : Cristianismo 234.16

Citações bíblicas: *Bíblia Sagrada* – Tradução da CNBB, 2. ed., 2002

Direção-geral: *Flávia Reginatto*
Editora responsável: *Maria Inês Carniato*
Coordenação de revisão: *Andréia Schweitzer*
Revisão: *Leonilda Menossi e Ana Cecilia Mari*
Direção de arte: *Irma Cipriani*
Ilustrações: *Arquivo Paulinas*
Gerente de produção: *Felício Calegaro Neto*
Capa e produção de arte: *Telma Custódio*

2ª edição, 2004

Nenhuma parte desta obra poderá ser reproduzida ou transmitida por qualquer forma e/ou quaisquer meios (eletrônico ou mecânico, incluindo fotocópia e gravação) ou arquivada em qualquer sistema ou banco de dados sem permissão escrita da Editora. Direitos reservados.

Paulinas
Rua Pedro de Toledo, 164
04039-000 – São Paulo – SP (Brasil)
Tel.: (11) 2125-3549 – Fax: (11) 2125-3548
http://www.paulinas.org.br – editora@paulinas.org.br
Telemarketing e SAC: 0800-7010081

© Pia Sociedade Filhas de São Paulo – São Paulo, 2004

Apresentação

Introdução

Conforme o próprio título sugere, o objetivo deste livro é oferecer os elementos fundamentais da teologia dos sacramentos. Ele está organizado em duas partes.

A primeira procura estabelecer a relação entre os sacramentos e a própria pessoa de Jesus Cristo, autor e fundamento do mistério da salvação. A Igreja celebra os sacramentos, atualizando, de modo particular por meio deles, a graça da redenção na comunidade eclesial e na vida de cada pessoa. Nesse processo de cristificação próprio da fé cristã, os sete sacramentos constituem também uma realidade simbólica, pois significam a plenitude da salvação, cujo enfoque maior é centralizado nos sacramentos da iniciação cristã: batismo, crisma e eucaristia.

A segunda parte põe em evidência a relação que existe entre os sacramentos e os grandes temas bíblicos, como: criação, eleição, libertação, aliança, presença de Deus no meio do povo, santificação, missão e justiça salvadora de Deus. Todas essas são manifestações da bênção de Deus que se derrama sobre as criaturas e que chegou à sua plenitude na vida de Jesus Cristo.

Cristo é o Sacramento do Pai que dá sentido e eficácia a toda a dinâmica sacramental da Igreja. Alicerçados nele, qual rocha inabalável, podemos ter segurança de que, por seu intermédio, e por obra do Espírito, Deus nos fez conhecer o mistério de sua bondade, que se torna a garantia da nossa esperança, até a libertação e redenção completas e definitivas para o louvor de sua glória (cf. Ef 1,14). Essa esperança nos move a dizer:

> Na liturgia da Igreja, a bênção divina é plenamente revelada e comunicada: o Pai é reconhecido e adorado como a fonte e o fim de todas as bênçãos da criação e da salvação; em seu Verbo Encarnado, morto e ressuscitado por nós, ele nos cumula com suas bênçãos, e por meio dele derrama em nossos corações o dom que contém todos os dons: o Espírito Santo (*Catecismo da Igreja Católica*, n. 1082).

I

SACRAMENTOS, VIDA DA IGREJA

O que são os sacramentos?

Estamos acostumados, desde crianças, a participar da vida litúrgica da Igreja; e determinados ritos começaram a fazer parte do nosso cotidiano religioso, embora nem sempre tenhamos compreendido seu sentido mais profundo. Referimo-nos aos sacramentos, definidos pelos teólogos como sinais sensíveis e eficazes, nos quais e pelos quais se torna presente, se manifesta e se revela o Mistério, isto é, o plano salvífico de Deus, realizado na pessoa de Jesus Cristo, que se apresentou como nosso Caminho, Verdade e Vida, e continuado, aqui e agora, na história, por meio de sua Igreja.

Sacramentos não são fórmulas ou ritos mágicos repetidos indefinidamente para satisfazer à sensibilidade religiosa. São atos pessoais que exprimem o encontro entre Deus e os seres humanos, no contexto da comunidade eclesial. Constituem experiências de vida e de comunhão com Deus. Não podem ser simplesmente recebidos, precisam ser vivenciados. Não são administrados, e sim celebrados. Neles, cresce-se como pessoa, aprofundam-se relacionamentos, vive-se em comunhão.

Como todo *sinal-símbolo*, o sacramento exprime visivelmente, por meio de ritos, palavras, gestos e pessoas, o dom invisível que é a presença do próprio Deus e a comunhão fraterna. Nós percebemos essa realidade pela fé. Podemos afirmar que tudo o que nos relaciona com Deus inclui, de alguma forma, uma dimensão sacramental.

Usando a categoria da linguagem, tão significativa no convívio humano e na história da revelação cristã, afirmamos que a palavra constitui um *sinal-sacramental* nas relações entre Deus e a humanidade. A palavra revela as pessoas, suas intenções, seu agir.

Os sacramentos se tornam encontros *reveladores e libertadores,* lugar de esperança e símbolos de liberdade, que exprimem a experiência humana a partir do encontro gratuito com Cristo Salvador, o qual reafirma o compromisso de realizar a libertação em cada pessoa e na comunidade humana. Celebramos os sacramentos para obter, sempre de novo, a força e a capacidade de mudar, para melhor, a vida humana, até que Cristo seja tudo em todos (Cl 3,11).

PARA REFLETIR

- Os sacramentos são encontros de graça (Deus se entrega a nós) e de liberdade (nós nos dispomos a acolhê-lo).
- Não são ritos mágicos: conferem a graça, porque Deus age por meio deles.
- São *sinais-símbolos*: o essencial não é o rito visível, mas a salvação divina que ele atualiza e que é percebida somente à luz da fé.
- Os sacramentos nos revelam quem é Deus (Criador, Salvador, Libertador), e nos tornam semelhantes a ele.

REZANDO COM A IGREJA – Sl 104

Minh'alma, bendize o Senhor!
Senhor, meu Deus, como és grande!

Tu estendes o céu como uma tenda,
constróis sobre as águas tuas moradas,
fazes das nuvens teu carro,
andas sobre as asas do vento.
Fazes brotar as fontes nos vales.
Elas escorrem entre os montes e
dão de beber a todas as feras do campo.

De tuas altas moradas irrigas os montes,
com o fruto das tuas obras sacias a terra.
Como são numerosas, Senhor, tuas obras!
Tudo fizeste com sabedoria;
a terra está cheia das tuas criaturas.

2

Cristo Caminho, Verdade e Vida: fundamento dos sacramentos

Durante séculos, a discussão acerca dos sacramentos deu origem a sérios atritos entre a Igreja Católica e as comunidades oriundas da Reforma. Perguntava-se sobre o fundamento, o sentido e a eficácia desses ritos cristãos. Quem os instituiu? Para que foram criados? O que realizam, de concreto, na vida das pessoas?

Já passou o tempo em que se procuravam desesperadamente textos bíblicos para provar a instituição dos sacramentos por parte de Cristo. Hoje, temos uma mentalidade menos fundamentalista e situamos essas realidades sagradas num contexto mais amplo e mais convergente, não visando apenas à aproximação ecumênica, mas, principalmente, buscando ser fiel não tanto à letra, quanto ao espírito desses escritos.

Cristo entra na história humana como *sinal-sacramento* do Pai, na força do Espírito. O Pai envia seu Filho Unigênito, que se faz um dos nossos, assumindo a natureza humana no seio da Virgem Maria. Ela se torna a *cheia de graça* porque acolhe o próprio autor da graça: Jesus Cristo. Deus invisível se revela na presença humana e visível de Jesus de Nazaré. Ao mesmo tempo, ele esconde e manifesta Deus. É o Deus revelado e o Deus que se revela. Em Jesus Cristo temos a certeza de que fomos aceitos e redimidos. Deus nos visitou (cf. Lc 1,68). Ele é o *sacramento do Pai*. Presença visível de Deus invisível, o Emanuel, Deus conosco! Nascido em Belém, Cristo Jesus constitui sinal, não porque está envolto em faixas (cf. Lc 2,19-12), mas porque nele a salvação tomou figura humana. Numa única pessoa, Jesus Cristo, realizam-se o chamado divino à salvação e a resposta perfeita do ser humano a Deus. Por sua ressurreição, o Ungido do Pai se torna também o Senhor do universo.

Sentado à direita do Pai e derramando o Espírito Santo em seu Corpo que é a Igreja, Cristo age agora pelos sacramentos, instituídos por ele para comunicar sua graça. Os sacramentos são sinais sensíveis (palavras e ações), acessíveis à nossa humanidade atual. Realizam eficazmente a graça que significam, em virtude da ação de Cristo e pelo poder do Espírito Santo (*Catecismo da Igreja Católica*, n. 1084).

A encarnação do Filho de Deus é a sacramentalização radical e culminante da presença visível do Deus invisível. Cristo é, pois, o *sacramento primeiro, sacramento original*. A manifestação de Deus como salvador atinge nele seu centro decisivo. Cristo é sacramento pelo seu ser de Filho de Deus, por sua atuação messiânica, por suas palavras e por suas atitudes e gestos. Não se trata, apenas, de procurar nas palavras de Jesus possíveis *ordens* que justifiquem ser ele o fundador, aquele que, em última análise, instituiu os sacramentos. É preciso compreender também o sentido e o valor de seus gestos, atitudes e intenções.

Ao analisarmos a Escritura, notamos que a preocupação fundamental de Cristo não está em criar ritos novos nem em determinar pormenores de seus componentes; está, sim, em assumir ritos que já existem, dando-lhes novo sentido e nova eficácia, deixando para a Igreja apostólica, num primeiro momento, e depois para a Igreja como tal, a tarefa de desenvolvê-los. Se a Igreja apostólica assume determinados ritos (os sacramentos) como portadores de uma intenção especial de Cristo, em relação à salvação (eficácia), para nós é suficiente: podemos aceitá-los como instituídos por ele. Cristo realiza o que é realmente essencial: a eficácia salvífica. O restante, a seu modo, é relativo. Quando dizemos, por exemplo, que o batismo foi instituído por Cristo, afirmamos isso não tanto porque ele tenha determinado ritos e palavras, pura e simplesmente, mas acima de tudo porque conferiu eficácia nova e única ao rito batismal que já existia.

> Dessa forma, Cristo ressuscitado, ao dar o Espírito Santo aos Apóstolos, confia-lhes seu poder de santificação; eles tornam-se, assim, sinais sacramentais de Cristo. Pelo poder do mesmo Espírito Santo, os Apóstolos confiam este poder a seus sucessores. Esta sucessão apostólica estrutura toda a vida litúrgica da Igreja; ela mesma é sacramental, transmitida pelo sacramento da ordem (*Catecismo da Igreja Católica*, n. 1087).

Examinando, pois, os sinais sacramentais do Novo Testamento, constatamos que alguns deles, de modo inequívoco, se relacionam com o Antigo Testamento. Percebemos, também, que mantêm sempre relação imediata com aquela intervenção divina, que é o próprio Cristo. A existência daqueles sinais no Antigo Testamento leva Jesus a criar com eles uma particular relação, porque ele é o realizador e o atualizador da Antiga Aliança. Por isso, se Cristo, falando de si mesmo, refere-se àqueles sinais, é para confirmar que lhes confere novo conteúdo. Por conseguinte, mais do que aquele que instituiu os sacramentos, Jesus Cristo deve ser considerado seu fundador, isto é, quem fundamenta os sacramentos do Novo Testamento.

PARA REFLETIR

- Os sacramentos são sinais eficazes da graça, instituídos por Cristo e confiados à Igreja. Por meio deles é conferida a vida divina.
- Cristo é Palavra de Salvação, o Sacramento do Pai; sem ele, nada podemos fazer (Jo 15,5).
- Cristo não apenas instituiu juridicamente os sacramentos; é seu único autor e fundador, aquele que lhes dá fundamento.

REZANDO COM A IGREJA – Cl 1,12-17

*Dai graças ao Pai que vos tornou dignos
de participar da herança dos santos, na luz.*

Foi ele que nos livrou do poder das trevas,
transferindo-nos para o reino do seu Filho amado,
no qual temos a redenção, o perdão dos pecados.

Ele é a imagem do Deus invisível,
o primogênito de toda a criação,
pois é nele que foram criadas
todas as coisas, no céu e na terra,
os seres visíveis e os invisíveis,
tronos, dominações, principados e potestades;
tudo foi criado através dele e para ele.

Ele existe antes de todas as coisas
e nele todas as coisas têm consistência.

3

A Igreja celebra a vida que nasce dos sacramentos

Nunca é demais reafirmar que Cristo é *o sacramento original*, fundamento de toda a economia sacramental da Igreja e, por conseguinte, da salvação (cf. Jo 15,5). Não há outro caminho que conduza ao Pai (cf. Jo 14,6). A ação libertadora dele continua, por meio da força do Espírito Santo, e se prolonga mediante o ministério da Igreja, seu Corpo Místico.

A sacramentalidade da Igreja é reconhecida por Paulo, quando afirma que nela habita o Espírito e se manifesta a presença do Reino (cf. 1Cor 3,16). Cipriano, um dos padres da Igreja, a chama *sacramentum unitatis* (sacramento da unidade). A liturgia a ela se refere como *mirabile sacramentum* (admirável sacramento), por meio do qual tem continuidade a obra salvadora de Cristo. O Concílio Vaticano II lembra as várias figuras bíblicas da Igreja: redil, lavoura, campo de Deus, construção de Deus, templo santo, Jerusalém celeste, corpo místico de Cristo (*Lumen Gentium*, n. 6-7).

Os sacramentos são da Igreja no duplo sentido de que existem *por meio dela e para ela*. São *por meio da Igreja*, pois esta é o sacramento da ação de Cristo, operando em seu seio graças à missão do Espírito Santo. E são *para a Igreja*, pois são estes sacramentos que fazem a Igreja. Com efeito, manifestam e comunicam aos homens, sobretudo na eucaristia, o mistério da comunhão do Deus amor, uno em três pessoas (*Catecismo da Igreja Católica*, n. 1118).

Em primeiro lugar, a Igreja tem uma dimensão sacramental pelo seu próprio ser, por sua realidade e por seu mistério. Depende inteiramente de Cristo e do Espírito, sendo por isso sacramento do Espírito de Cristo. Essa sacramentalidade diz respeito à Igreja em sua dimensão total, como povo de Deus, que é também sacramental por sua atuação, por seu agir ético, por seu testemunho no mundo. Não basta que a Igreja se denomine, mas que, de fato, seja sacramento de Cristo, por meio de palavras e atitudes e pelo seu existir. A Igreja é, enfim, sacramento pelos seus sinais privilegiados: a palavra, os sacramentos e a caridade. Os sacramentos são, portanto, auto-realizações da Igreja.

Existem razões que fundamentam a necessidade dos sacramentos. O ser humano tem necessidade de sinais e de símbolos, que exprimam situações pessoais, também na vivência religiosa. Pela encarnação do Verbo, a humanidade de Cristo exerce uma função mediadora da graça. Os sacramentos constituem como que prolongamento histórico dessa humanidade, santificando as diversas realidades humanas. O Espírito Santo constrói a Igreja a partir de cada um de seus membros, e os membros, a partir da Igreja, em sua totalidade. A ação do Espírito se realiza sobretudo na celebração dos sacramentos. Não há sacramento sem a atuação do Espírito. Os sacramentos são, ainda, concretizações da sacramentalidade eclesial, na vida das pessoas. Esses momentos sacramentais constituem *eixos existenciais* da vida humana; nós os celebramos mediante símbolos e ritos. A diversidade sacramental se fundamenta na ação redentora de Cristo, individualizada nas diversas circunstâncias da vida humana.

> Os sacramentos destinam-se à santificação dos homens, à edificação do Corpo de Cristo e ainda ao culto a ser prestado a Deus. Sendo sinais, destinam-se também à instrução. Não só supõem a fé, mas, por palavras e coisas, também a alimentam, a fortalecem e a exprimem. Por esta razão são chamados sacramentos da fé (*Catecismo da Igreja Católica*, n. 1123).

Os sacramentos, no entanto, não são realidades mágicas, que agem à revelia da liberdade e do consentimento. Qual será, portanto, nossa colaboração, não na concessão da graça enquanto tal (isso é obra exclusiva de Deus), mas em sua atuação concreta? Como encontros privilegiados de graça e de liberdade, os sacramentos são portadores de uma eficácia que procede de Cristo por obra do Espírito. Ao longo da história da Igreja se elaboraram diversas teorias para entender e explicar essa eficácia.

Os padres antigos têm consciência de que as celebrações sacramentais, sobretudo do batismo e da eucaristia, são atualizações salvíficas de Cristo, ainda que não abordem explicitamente o tema da eficácia sacramental em termos precisos nem ofereçam sistematização a respeito. Não hesitam, contudo, em considerar essas ações como eficazes, isto é, portadoras de salvação.

Tomás de Aquino apresenta os sacramentos como *sinais eficazes da graça,* porque significam e contêm a graça divina. Deus se serve dos sacramentos como instrumentos adaptados às nossas realidades e, por meio deles, vem ao nosso encontro. Deus é a causa primeira da graça. A humanidade de Cristo unida à divindade é a causa instrumental. Por meio dele, entramos em contato com o Pai, que é fonte de todos os dons. Para designar essa realidade, o Concílio de Trento usa a expressão *ex opere operato*. Os sacramentos agem por força própria, que lhes advém da paixão, morte e ressurreição de Cristo, fonte perene da graça.

Os sacramentos são sinais eficazes da graça, instituídos por Cristo e confiados à Igreja, por meio dos quais nos é dispensada a vida divina. Os ritos visíveis, sob os quais os sacramentos são celebrados, significam e realizam as graças próprias de cada sacramento. Produzem fruto naqueles que os recebem com as disposições exigidas (*Catecismo da Igreja Católica*, n. 1131).

Os sacramentos são, pois, *instrumentos de salvação*, que atualizam o mistério pascal de Cristo e nos tornam participantes de sua força salvadora, por meio da celebração ritual da Igreja. Cristo é sacramento de encontro com Deus e os sinais sacramentais constituem modalidades desse encontro, atos de salvação de Cristo glorioso, mediante a manifestação visível de um ato litúrgico. O sacramento é eficaz, sobretudo, enquanto implica e constitui palavra reveladora da salvação, com a qual a Igreja se compromete, como prolongamento histórico da Palavra sacramental por excelência, o próprio Cristo. A eficácia sacramental depende, pois, dessa Palavra.

A especificação da graça deu origem também ao conceito de *caráter sacramental*. Sem nos preocuparmos com o desenvolvimento histórico desse conceito, atemo-nos às posições atuais, que podem ser resumidas em duas: uma, que enfatiza o aspecto ontológico, a marca indelével, isto é, que acompanha o cristão por toda a vida; outra, que põe em evidência sobretudo o aspecto funcional: persiste na pessoa, em vista da realização de uma função.

Dissemos, anteriormente, que os sacramentos não são realidades mágicas; dependem da intenção de quem preside, em nome da Igreja, e do sujeito que o *recebe*, que o celebra. Estamos falando da resposta de fé como elemento constitutivo do sacramento.

Para santo Agostinho, toda a Igreja foi constituída *ministro* dos sacramentos. Por isso a eficácia não depende da santidade do ministro designado, uma vez que este é apenas servidor. Na teologia escolástica, os autores afirmam que o ministro deve ter a intenção de *fazer o que a Igreja faz*. Os reformadores enfatizam a fé do sujeito que recebe os sacramentos.

A partir do Concílio Vaticano II, redimensiona-se a função do ministro, não apenas como aquele que preside às celebrações sacramentais, mas também como evangelizador e catequista, não preocupado somente com o mínimo necessário para garantir a validade, mas principalmente como aquele que procura o máximo, em vista da plena realização do sacramento. O ministro é mais do que mero administrador: é celebrante! Não basta, pois, que execute ritos, mas que se integre plenamente, visando à plenitude das celebrações litúrgicas.

A assembléia que celebra é a comunidade dos batizados, os quais, pela regeneração e unção do Espírito Santo, são consagrados para serem casa espiritual e sacerdócio santo e para poderem oferecer como sacrifício espiritual toda a atividade humana do cristão. Este *sacerdócio comum* é o de Cristo, único sacerdote, participado por todos os seus membros (*Catecismo da Igreja Católica*, n. 1141).

Além da intenção do ministro, há também necessidade do assentimento de fé de quem solicita o sacramento. O Concílio Vaticano II afirma que os sacramentos destinam-se à santificação dos seres humanos, à edificação do Corpo Místico de Cristo e ao culto a Deus. Por isso, não supõem a fé, mas, por palavras e atos, a alimentam, a fortalecem e a exprimem.

Embora de modo diferente, cada sacramento constitui encontro entre Deus e o ser humano. Evidentemente, não podemos situar no mesmo nível a ação divina e a colaboração humana. Deus e o homem realizam tudo o que lhes compete; o que compete a Deus, no entanto, supera infinitamente a ação humana. Nem a Igreja nem o sacramento dão origem à graça: é obra divina. Contudo, sem a fé da Igreja e a do sujeito que solicita, a graça divina não atua.

PARA REFLETIR

- A Igreja recebeu de Cristo a missão de celebrar os sacramentos, a fim de que todos possam ter acesso a esse privilegiado encontro de salvação, por Cristo, com Cristo e em Cristo.

- Quem confere aos sacramentos a capacidade de serem *instrumentos da graça de Cristo* é o Espírito Santo. Não há sacramento sem a atuação do Espírito.

- Embora os sacramentos sejam essencialmente *obra de Cristo pelo seu Espírito,* não agem, contudo, de maneira mágica. Deus não intervém sem o nosso consentimento e sem levar em conta nossa reta intenção e nossa fé.

- Os sacramentos foram confiados por Cristo primeiramente à Igreja, como comunidade, e não aos cristãos, individual e isoladamente. Por isso, ao celebrá-los, devemos estar unidos à comunidade eclesial, tendo a intenção de *fazer o que a Igreja faz*.

REZANDO COM A IGREJA – At 2,42-47

*A multidão dos fiéis
era um só coração e uma só alma!*

Eles eram perseverantes
em ouvir os ensinamentos dos apóstolos,
na comunhão fraterna,
na fração do pão e nas orações.

Apossava-se de todos o temor,
e pelos apóstolos realizavam-se
numerosos prodígios e sinais.

Todos os que abraçavam a fé
viviam unidos e possuíam tudo em comum;
vendiam suas propriedades e seus bens
e repartiam o dinheiro entre todos,
conforme a necessidade de cada um.

Perseverantes e bem unidos,
freqüentavam diariamente o templo,
partiam o pão pelas casas
e tomavam a refeição
com alegria e simplicidade de coração.

Louvavam a Deus
e eram estimados por todo o povo.
E, cada dia, o Senhor acrescentava a seu número
mais pessoas que seriam salvas.

4

As sete torrentes da graça de Deus

Dado que os sacramentos têm origem em Cristo, por que existem diversos sacramentos? Quais os fundamentos dessa diversidade? Resumimos, aqui, as considerações de Dionísio Borobio, em seu livro *A celebração da Igreja* (São Paulo, Loyola, 1990, v. 1, pp. 350-373).

Cristo se fez homem para compartilhar o destino humano. Se esse destino se expressa sobretudo nas situações decisivas da vida, é compreensível que Cristo tenha desejado compartilhar e viver especialmente essas situações que nele se transformam em *momentos de salvação*. Assim, Cristo, a partir da experiência de Filho de Deus feito homem, anuncia a vida nova como um nascimento na água e no Espírito. Inaugura sua missão num acontecimento extraordinário e a transmite como um momento decisivo. Celebra a Páscoa como uma comemoração privilegiada e faz da ceia um novo acontecimento pascal. Compartilha a situação dos pecadores e supera o pecado com o perdão e a salvação. Solidariza-se com os enfermos em sua tragédia humana e os cura. Participa da festa de quem se casa e se alegra com os noivos. Vive o drama da morte e perdoa os que o mataram.

Também os mistérios de Cristo apresentam diversidade de aspectos. É verdade que o mistério de Cristo é único e uno e, embora tenha como centro a Páscoa, abrange toda a sua vida. Contudo, assim como na vida de Cristo se podem distinguir diversos momentos, assim também em seu mistério pascal se podem destacar distintos aspectos: a sua celebração ritual na última ceia, sua paixão e seu sofrimento, sua morte e ressurreição, a vinda do Espírito como nascimento da Igreja e o começo da missão, sua entrega total e amorosa por nós e a reconciliação pelo seu sangue.

Essa diversidade de aspectos é que permite considerarmos Cristo, ao mesmo tempo, como princípio unificante e diversificador da estrutura sacramental. Embora os sacramentos celebrem sempre o mesmo e único mistério, cada um deles manifesta e realiza, de modo especial, um aspecto determinado.

Assim, o batismo expressa mais o nascimento para a vida, por meio da participação no mistério pascal; a confirmação é o dom do Espírito Santo manifestado em Pentecostes. O sacramento da penitência é a reconciliação pela cruz; o matrimônio é a aliança de amor entre Cristo e a Igreja; a ordem é a continuidade da missão de Cristo com a força do Espírito pascal; a unção é a participação nas dores e nos sofrimentos de Cristo, em vista da saúde plena; e a eucaristia é o amor, a entrega e a unidade fraterna numa espécie de *concentração* da pluralidade de aspectos do mistério.

A Igreja, cujo objetivo é prolongar a obra salvadora de Cristo na história, realiza essa missão assumindo e santificando as diversas situações do mundo e da vida humana. A Igreja cresce na medida do crescimento de seus membros. Ora, esses membros que a compõem não vivem de maneira uniforme e simultânea as mesmas situações. Todo batizado é membro da Igreja e, no entanto, quem pode dizer que participam da mesma forma nas tarefas da Igreja uma criança e um adulto, uma pessoa enferma e outra sadia, um ministro ordenado e um leigo? Todos contribuem para a edificação da Igreja; cada um o faz, contudo, à sua maneira, segundo suas capacidades, suas possibilidades, seu ministério e sua situação vital.

Também não é igual a forma de a Igreja estar presente na vida de um ou de outro cristão; não é idêntica a responsabilidade da comunidade eclesial em relação à criança e ao ancião, ao casado e ao solteiro, por exemplo. A Igreja exerce sobre cada um de seus membros um tipo de responsabilidade, comprometendo-se de maneira diferente, conforme a necessidade e a possibilidade. A situação particular de cada pessoa é que especifica o comportamento da Igreja. Essa unidade na diversidade deve ser expressa por meio do *sinal sacramental* apropriado para cada situação. Precisam ser *sacramentalizadas* a *forma de estar* do sujeito concreto na Igreja e a *forma de estar* da Igreja em relação ao sujeito concreto.

Citamos as *situações fundamentais* da vida, suas características comuns e diferenciadoras, sua riqueza simbólica e sacramental. Essas *situações sacramentais*, precisamente por serem diversas, por serem vividas em diferentes momentos da vida, por implicarem uma realidade antropológica diferenciada e por abrangerem uma significação distinta, são fundamento e razão da diversidade sacramental. Na variedade de situações humanas existenciais se encontra o princípio fundador da diversidade de sinais sacramentais.

Analisados os princípios cristológico, eclesiológico e antropológico da diversidade dos sinais sacramentais, resta perguntar: por que concretamente existem *sete* sacramentos? É fruto de uma formulação histórica. Nos primeiros onze séculos da Igreja, o termo *sacramento* tinha, na prática, um sentido muito amplo e designava várias realidades (sacramentos e bênçãos), sem a preocupação de determinar o número. Os *sete sacramentos* são encontrados sempre na reflexão sacramental dos teólogos. Os Santos Padres costumavam distinguir entre *sacramentos maiores* (os atuais sete sacramentos) e *sacramentos menores* (os sacramentais ou bênçãos). A teologia escolástica, na Idade Média, procurou investigar o tema, chegando a uma unanimidade em relação aos sete sacramentos.

Vários foram os motivos que levaram os teólogos a determinar o número dos sacramentos. Primeiramente, a necessidade de distinguir entre os *sinais sacramentais* do Antigo Testamento e os sacramentos propriamente ditos, instituídos por Cristo e celebrados pela comunidade eclesial. Em segundo lugar, esclarecer a diferença entre *sacramentos maiores* e as bênçãos ou sacramentais, *sacramentos menores*, para empregar a terminologia dos Santos Padres.

A partir do século XIII chega-se a um total esclarecimento: o termo *sacramento* fica reservado para designar batismo, confirmação, eucaristia, reconciliação, ordem, unção dos enfermos e matrimônio. O termo *sacramental* passa a designar as bênçãos e outras celebrações não litúrgicas. Em terceiro lugar, a influência das controvérsias levantadas sobre a presença de Cristo na eucaristia exigia uma tomada de posição da teologia e da Igreja. Por último, e talvez a mais importante, veio a aplicação, aos sacramentos, do simbolismo dos números. Para santo Agostinho, o número *sete* é símbolo de totalidade e plenitude. Para Ambrósio, corresponde à perfeição. Santo Tomás vê no número sete a universalidade. Os vários concílios e os papas defenderam e definiram a questão.

A teologia atual tende a duas explicações: a que enfatiza o caráter simbólico e a que prefere acentuar o aspecto analógico. Para os primeiros, o número *sete* está relacionado aos *sete dons,* expressões da plena ação do Espírito Santo na Igreja e no mundo. Na verdade, os *sete dons* não esgotam a ação do Espírito, mas significam sua variedade e aplicação. Para os que põem em evidência o caráter *analógico* dos sacramentos, parece importante não esquecer a analogia entre *sacramentos maiores e menores*, própria dos Santos Padres. Existe, também, uma certa *hierarquização* entre os sete sacramentos, destacando a importância do batismo e da eucaristia, uma vez que esses sacramentos são os mais explicitamente citados na Sagrada Escritura e os que, por sua estrutura simbólica, melhor expressam o mistério pascal, ocupam um lugar mais privilegiado na constituição da Igreja e são verdadeiros pilares da vida cristã.

PARA REFLETIR

- Várias e diferentes são as situações da vida humana (nascimento, crescimento, enfermidade etc.). Em cada uma dessas situações, Jesus manifestou o desejo de estar presente com sua graça, na força do Espírito, pelo ministério da Igreja.

- Em si, o número *sete* é simbólico e significa a plenitude dos dons de Deus. O importante é que os *sete* sacramentos celebrados pela Igreja são, de fato, expressões privilegiadas da graça divina.
- Não basta celebrar os sacramentos; é preciso celebrá-los consciente, frutuosa e ativamente.

REZANDO COM A IGREJA – Rm 8,18-25

*Os sofrimentos do tempo presente
não têm proporção com a glória
que há de ser revelada em nós!*

Toda a criação espera ansiosamente
a revelação dos filhos de Deus;
pois a criação foi sujeita ao que é vão e ilusório.

A própria criação espera ser libertada
da escravidão da corrupção,
em vista da liberdade
que é a glória dos filhos de Deus.

Sabemos que toda a criação, até o presente,
está gemendo como que em dores de parto.
E não somente ela,
mas também nós,
que temos as primícias do Espírito,
gememos em nosso íntimo,
esperando a condição filial,
a redenção de nosso corpo.

Pois é na esperança que fomos salvos.
Mas se esperamos o que não vemos,
é porque o aguardamos com perseverança.

5

A iniciação no seguimento de Jesus

O conceito de iniciação se estende para além do cristianismo, portanto, é preciso, antes de tudo, situar suas raízes como fenômeno humano geral, que implica um processo de adaptação do indivíduo em relação ao ambiente físico, social, cultural e religioso. No contexto aqui abordado, o aspecto mais importante é exatamente o religioso, que se manifesta em uma ritualidade específica, relacionada ao mundo do sagrado.

Um primeiro elemento essencial à iniciação é a referência às origens, que conferem eficácia aos ritos, transformando-os em nova realidade. Um segundo, é o simbolismo de ruptura com o passado, ritualizado de diversas maneiras, nas diferentes religiões. Em terceiro lugar, um renascimento que dá origem à nova unidade existencial e à nova concepção de verdade. Para representar essa nova realidade, utilizam-se gestos e símbolos. Outro elemento é a processabilidade: a iniciação se inicia e se estende no espaço e no tempo, a fim de possibilitar a assimilação do aprendizado. Constitui ainda um processo pessoal, existencial, que implica uma nova concepção ética. Finalmente, o último elemento é a mudança: a iniciação supõe nova identidade, embora o indivíduo seja o mesmo.

A iniciação cristã tem elementos comuns a esses processos: linguagem e dinâmica, itinerários e pessoas. Expressa verdades fundamentais de fé e conteúdos centrais. Desenvolve costumes e ritos ligados à vida. Outro traço comum reúne o sistema simbólico proposto, aceito, celebrado e vivido. O processo da iniciação supõe progressividade no espaço e no tempo. O resultado é a integração cultural e social do iniciando no grupo ou na comunidade de referência.

Há, contudo, elementos específicos, próprios da iniciação cristã. Primeiramente o conteúdo: aquele que deseja tornar-se cristão não se inicia em um mistério qualquer, mas no mistério pascal de Cristo. Nem em qualquer deus, senão no Deus de Jesus Cristo. Não assume qualquer tipo de vida, mas a vida nova no Espírito. Não se integra a uma história qualquer, mas à história da salvação alicerçada na livre e gratuita intervenção de Deus, que deseja salvar a humanidade por meio de Jesus Cristo e no seu Espírito, em vista de uma vida nova e plena.

Em segundo lugar, as mediações não são realizadas por simples mandato comunitário, mas por intermédio da Igreja, Corpo de Cristo e templo do Espírito Santo. Finalmente, a atitude de fé evangélica e a participação ativa exigidas daquele que se inicia têm um caráter específico que inclui conversão pessoal e adesão a Cristo e à Igreja.

A iniciação cristã não pode, portanto, ser reduzida a um simples itinerário didático nem a mero ritual jurídico de pertença a uma comunidade religiosa qualquer. Ao contrário: introduz o ser humano na vida nova, transformando-o interiormente, proporcionando-lhe escolha de fé, a fim de que possa viver como filho de Deus e ser integrado em uma comunidade que o acolhe como membro (batismo), o orienta para o testemunho responsável de vida (crisma) e o nutre com o pão da palavra e da vida eterna (eucaristia).

Esses três momentos sacramentais, através dos quais o homem é regenerado, fortalecido pelo Espírito e alimentado à mesa celeste, não esgotam, contudo, o itinerário de crescimento na fé: os demais sacramentos, cada um a seu modo, aprofundam o amadurecimento cristão.

A iniciação cristã é, pois, constituída por dimensões que se integram: teológica, eclesiológica, pessoal, sacramental e histórica. Por conseguinte, visando à renovação destes grandes sacramentos da iniciação cristã (batismo, crisma e eucaristia), são necessárias algumas disposições: inicialmente, manter a unidade dinâmica dos três sacramentos, levando em conta as várias circunstâncias e a diversidade de tradições. Em seguida, redimensionar a pastoral do batismo de crianças e a da primeira eucaristia. Celebrar o sacramento da confirmação numa idade mais adulta, sem contudo romper a unidade teológica e cronológica dos referidos sacramentos. Promover a participação ativa e frutuosa de toda a comunidade, reconhecendo e valorizando os serviços e os ministérios. Propor linhas de pastoral concretas e viáveis.

A interação dos sacramentos da iniciação é imprescindível. Infelizmente, por muitos séculos, não foi suficientemente elaborada, dando origem ao distanciamento teológico. Aliás, no passado, a teologia considerou, por vezes, os sacramentos como realidades independentes, sem a necessária interligação. Daí a preocupação em definir cada sacramento, isoladamente, quer na teologia, quer na prática. Atualmente, o rito para o batismo de crianças elabora a reflexão teológica, pondo em evidência os efeitos de cada um dos três sacramentos (cf. *Ritual do batismo de crianças*, n. 1-2).

A tríade banho-unção-mesa parece constituir sinal clássico de hospitalidade, de acolhida, ao menos para os antigos povos do Mediterrâneo. A celebração conjunta dos três sinais sacramentais comunicava aos primeiros cristãos a vida de Cristo morto e ressuscitado, dentro de um quadro cultural que lhes era familiar, como pode ser ainda hoje, em algumas regiões.

O batismo indica a nova pessoa que devemos ser. A crisma, o testemunho que devemos dar. A eucaristia, a mesa do alimento que nos mantém em Cristo. Acolhida pelo Espírito no batismo, a pessoa se torna nova criatura. Efetua-se a passagem da morte para a vida (cf. Rm 6,4), do reino das trevas para o reino da luz (batismo-iluminação). Pelo batismo, a pessoa se torna membro do corpo de Cristo; entra na comunhão que a eucaristia realiza em plenitude.

Pela confirmação, o Espírito Santo, que foi acolhido, faz com que o novo ser se desenvolva em vista da plenitude. Dessa forma, relaciona-se à comunidade escatológica, caminha para a perfeição e a celebra prefigurada na sagrada eucaristia. A confirmação é, pois, sinal da Igreja, que resiste às intempéries e enfrenta as perseguições. Signo de uma Igreja que se renova sem cessar. Logo, os três sacramentos devem ser vistos e analisados em conjunto. No ápice, está a eucaristia, o sacramento dessa comunhão. Dela tudo parte, e para ela tudo se dirige. A eucaristia é a fonte e o cume de toda a vida cristã (cf. *Sacrosanctum Concilium*, n. 10).

Batismo, crisma e eucaristia constituem três dimensões de uma realidade única, três modos de participação na aliança com Deus em Jesus Cristo. O batismo nos introduz na aliança. O Espírito, conferido na crisma, constitui o Espírito da nova aliança. A eucaristia é o centro dessa aliança. Por isso, a Igreja primitiva manteve a celebração continuada dos três sacramentos de iniciação, também para crianças e, no caso de adultos, jamais se afastou dessa prática. O Concílio Vaticano II reforça o nexo, reavivando assim o problema da verdadeira identidade de cada sacramento e do seu sentido específico. Na iniciação dos adultos, a seqüência original dos três sacramentos pode ser inteiramente observada, dentro do mesmo ato celebrativo, desde que o presbítero receba, de modo ordinário, a faculdade de conferir o sacramento da confirmação. Tratando-se de batismo de crianças, a celebração simultânea dos três sacramentos não parece oportuna, nem pastoralmente viável; no entanto, a seqüência teológica pode e deve ser preservada, respeitando-se uma catequese inicial, contínua e progressiva.

A unidade dos três sacramentos não é, pois, apenas questão litúrgica, como poderia parecer, mas, acima de tudo, princípio teológico: os três sacramentos se fundamentam na unidade do mistério pascal, constituem três ritos significativos e operativos do mesmo mistério salvífico, destinados a realizar, de modo progressivo, a completa configuração do fiel com Cristo, na Igreja. Os sacramentos atualizam na vida do cristão momentos histórico-salvíficos da vida de Cristo.

O batismo, por exemplo, reporta ao mistério da encarnação: o Filho de Deus se torna Filho do Homem. A Palavra divina se faz carne, assumindo nova natureza, a humana; pelo batismo, o ser humano, por obra do Espírito de Jesus Cristo, assume a natureza divina (cf. 1Jo 3,1). Por ocasião do batismo no Jordão, Jesus dá início à sua vida pública e assume a missão que o Pai lhe reservou (cf. Is 42,1-4.6-7). O Espírito Santo, conferido pela crisma, torna o cristão apto para testemunhar sua fé com maturidade e coerência, transformando em atitudes concretas de vida cristã seu compromisso batismal. Na celebração do seu mistério pascal, Jesus leva à plenitude a obra que o Pai lhe confiou (cf. Jo 5,36); pela participação na eucaristia o cristão celebra e atualiza em sua vida esta fonte e este cume de toda graça.

Não se pode separar a realidade sacramental objetiva da experiência progressiva do itinerário de fé do cristão, iniciada no batismo, aprofundada na confirmação e plenificada na eucaristia, atuando por toda a vida mediante os demais sacramentos. A revalorização da fé afasta o risco do sacramentalismo mágico e do automatismo.

A relação entre fé e sacramento abrange os sacramentos da iniciação, considerados como etapas progressivas (e não autônomas) de um único itinerário, que visa à identificação plena com Cristo. Qualquer separação ou inversão dos elementos desta seqüência sacramental torna-se teologicamente insustentável.

A dinâmica interna desse processo supõe a celebração orgânica dos três sacramentos, resposta de fé do cristão, de acordo com sua capacidade, no seio da Igreja, mãe que gera novos filhos, renascidos pela água e pelo Espírito Santo. Essa permanente referência à Igreja previne contra uma concepção individualista da salvação e exige a co-responsabilidade de toda a comunidade.

PARA REFLETIR

- A *iniciação* constitui processo pessoal e existencial que implica em nova concepção ética, nova identidade, e que dá origem à nova *unidade existencial*, à nova concepção de verdade.
- Os três sacramentos da iniciação cristã (batismo, crisma e eucaristia), por meio dos quais o ser humano é regenerado, fortalecido e alimentado

à mesa eucarística, não esgotam o itinerário de crescimento da fé; os demais sacramentos, cada um a seu modo, aperfeiçoam a vida cristã.

- O batismo indica a *pessoa nova* que devemos ser. A crisma, *o testemunho* que devemos dar. A eucaristia, *o alimento* de que precisamos para nos manter em Cristo.

- A unidade, a seqüência e a progressividade desses três sacramentos não são questões meramente rituais, litúrgicas, mas realidades teológicas que atualizam na vida dos cristãos os momentos salvíficos da vida de Cristo.

REZANDO COM A IGREJA – Oração sobre a água (Ritual do batismo de crianças, n. 66)

Fontes do Senhor, bendizei o Senhor!

Ó Deus, pelos sinais visíveis dos sacramentos
realizais maravilhas invisíveis.
Ao longo da história da salvação,
vós vos servistes da água
para fazer-nos conhecer a graça do batismo.

Já na origem do mundo
vosso Espírito pairava sobre as águas,
para que elas concebessem a força de santificar.

Nas águas do dilúvio,
prefigurastes o nascimento da nova humanidade,
de modo que a mesma água
sepultasse os vícios
e fizesse nascer a santidade.

Concedestes aos filhos de Abraão
atravessar o mar Vermelho a pé enxuto
para que, livres da escravidão,
prefigurassem o povo
nascido na água do batismo.

Vosso Filho,
ao ser batizado nas águas do Jordão,
foi ungido pelo Espírito Santo.

Pendente da cruz,
do seu lado aberto pela lança
fez correr sangue e água.

Após sua ressurreição, ordenou aos apóstolos:
"Ide, fazei todos os povos meus discípulos
e batizai-os em nome do Pai,
do Filho e do Espírito Santo".
Olhai, agora, ó Pai, a vossa Igreja
e fazei brotar para ela a água do batismo.

Que o Espírito Santo dê por esta água
a graça de Cristo,
a fim de que homem e mulher,
criados à vossa imagem,
sejam lavados da antiga culpa
e renasçam pela água e pelo Espírito Santo
para uma vida nova.

II

OS SACRAMENTOS ATUALIZAM A HISTÓRIA DA SALVAÇÃO

1

A fé em Deus Criador

A fé em Deus criador perpassa toda a história da salvação e manifesta não somente o poder, mas também o amor de Deus. A criação constitui um ato dinâmico, progressivo e continuado ainda hoje, mediante a providência divina e a colaboração consciente e responsável do ser humano.

A Palavra eterna do Pai, por quem tudo foi feito (cf. Jo 1,3), se encarnou e nós vimos sua glória, recebida do seu Pai como Filho único, cheio de graça e de verdade (cf. Jo 1,14). Por sua paixão, morte e ressurreição, Jesus Cristo torna *novas* todas as coisas (cf. Ap 21,5), restabelecendo a primeira criação em sua dignidade. Criação e redenção não podem ser vistas separadamente, mas como aspectos de um único e mesmo mistério, do qual Cristo é centro e vértice.

O Antigo Testamento não descreve o tema da criação para satisfazer a curiosidade humana, respondendo ao problema da origem do mundo e da humanidade. Nela vê, antes de tudo, o ponto de partida do desígnio salvífico de Deus e da história da salvação. Não se queira, pois, buscar no relato da criação uma prova *científica* para esclarecer as origens do cosmos, mas a primeira das grandes e contínuas intervenções divinas, em vista da salvação da humanidade. De fato, as perfeições invisíveis de Deus, não somente seu poder, mas também sua eterna divindade, são claramente conhecidas por meio de suas obras, desde a criação do mundo (cf. Rm 1,20).

Os salmos cantam essas *maravilhas da criação* como *maravilhas da salvação*. Pela palavra do Senhor foram feitos os céus, pelo sopro de sua boca, tudo quanto os enfeita (cf. Sl 33,6). O autor convida a exaltar para sempre a bondade do Senhor e a anunciar sua fidelidade de geração em geração, porque dele é o céu e a terra (cf. Sl 89,1-2,12). Louva o Deus dos deuses, que fez e faz grandes maravilhas, tudo criando com sabedoria (cf. Sl 136,5).

A literatura sapiencial sobre a criação desenvolve-se sobretudo em torno do conceito da *sabedoria divina:* "O Senhor me gerou no início de suas obras, antes de ter feito coisa alguma, no princípio; desde a eternidade fui designada, desde os tempos mais antigos, antes que a terra fosse feita" (cf. Pr 8,22-23). Antes de tudo foi criada a sabedoria, a inteligência prudente existe desde a eternidade (cf. Eclo 1,4). "Aprendi tudo o que está oculto e tudo o que se vê, pois a Sabedoria, artífice de todas as coisas, mo ensinou" (cf. Sb 7,21-22).

O Novo Testamento faz uma leitura cristológica da criação. Na reflexão de Paulo, Deus criou o mundo por sua palavra (cf. 2Cor 4,6), chamando à existência tudo o que ainda não existia (cf. Rm 4,17). Tudo existe graças ao poder criador e preservador de Deus (cf. At 4,24), existindo por meio dele e para ele (cf. 1Cor 8,6; Rm 11,36; Cl 1,16). Cristo é o *Kairós* decisivo de cada gesto de Deus na história da salvação. Em Cristo, inaugurou-se a criação escatológica (cf. 2Cor 5,17). Nele somos novas criaturas, recebendo o banho da recriação, que nos faz novos (cf. Tt 3,4-6). O Verbo de Deus, criador do cosmos, vem recuperar a criação decaída, constituindo-se nas *primícias* da criação escatológica (cf. Ap 21,1-5). João apresenta o *Cristo-Logos* como o revelador do mundo divino (cf. Jo 1,3). Para o autor da Carta aos Hebreus, Cristo é o herdeiro de todas as promessas de Deus (cf. Hb 1,1-4).

Os sacramentos atuam, no tempo da Igreja, na *nova criação* inaugurada pela morte e ressurreição de Cristo, tornando-a presente nas diversas circunstâncias da vida do cristão. Pelo batismo, o cristão se torna *nova criatura* em Cristo (cf. 2Cor 5,17), passando a viver uma vida nova (cf. Ef 2,1.5-6). No sacramento da confirmação, o Dom inefável, que é o próprio Espírito Santo, leva à plenitude a vida em Cristo, conferindo a maturidade na fé. A eucaristia celebra, *até que ele venha,* a paixão, morte e ressurreição de Cristo, fonte perene de vida em abundância. A graça do sacramento da reconciliação restabelece a *nova criatura,* decaída pelo pecado, em sua dignidade inicial, e o *velho fermento do pecado* dá lugar ao *novo fermento da graça*, pela efusão da divina misericórdia. O sacramento da ordem constitui ministros, que zelam pela vida plena do rebanho que lhes foi confiado, a exemplo de Cristo, a fim de que tenham vida, e vida em abundância (cf. Jo 10,10). Na celebração da unção dos enfermos, a vida nova, ameaçada pelo sofrimento, encontra motivos e forças para recompor a unidade subjetiva e contornar a crise de relacionamento provocada pela enfermidade. Enfim, pelo sacramento do matrimônio, o homem e a mulher são chamados a *completar* a obra da criação, não apenas gerando novas vidas, mas também, por meio do amor e da fidelidade, oferecendo-lhes condições para que possam alcançar a plenitude de vida na eternidade.

PARA REFLETIR

- A fé em Deus Criador perpassa toda a história da salvação como expressão do poder e do amor de Deus.

- Em Cristo, a criação é restaurada em sua finalidade e perfeição iniciais; Cristo se torna primícia da criação, em sua dimensão definitiva.
- Os sacramentos atuam no tempo da Igreja, como realidades da nova criação, inaugurada pela morte e ressurreição de Cristo.

REZANDO COM A IGREJA – Sl 8

Ó Senhor, nosso Deus,
Como é glorioso teu nome em toda a terra!
Sobre os céus se eleva a tua majestade!

Da boca das crianças e dos lactentes
recebes um louvor.
Quando olho para o teu céu,
obra de tuas mãos,
vejo a lua e as estrelas que criaste:
que coisa é o homem, para dele te lembrares,
que é o ser humano para o visitares?

No entanto, o fizeste só um pouco menor que um deus,
de glória e de honra o coroaste.
Tu o colocaste à frente das obras de tuas mãos.
Tudo puseste sob seus pés:
todas as ovelhas e bois,
todos os animais do campo,
as aves do céu e os peixes do mar,
todo ser que percorre os caminhos do mar.

2

A certeza da eleição divina

O chamado divino é elemento constitutivo da revelação bíblico-cristã. Implica dois aspectos fundamentais: trata-se de uma escolha, uma eleição divina e, ao mesmo tempo, de um apelo, uma convocação para constituir o povo de Deus.

No Antigo Testamento, Abraão é escolhido entre os filhos de Taré (cf. Gn 11,27-32). Deus lhe promete posteridade e, por meio dele, abençoa todos os povos (cf. Gn 12,3; 22,18; 26.4; 28,14). A eleição divina é um ato livre e gratuito de Deus, que escolhe para além de todas as previsões humanas. A eleição estabelece Israel em uma condição privilegiada: é o povo escolhido gratuitamente dentre os demais povos (cf. Dt 7,6-8). Torna-se depositário da promessa messiânica, que será estendida às demais nações, para delas fazer um só povo (cf. Is 53,3-5). Os reis foram escolhidos para manter o povo fiel à eleição (cf. Sl 28,8). Nos profetas, a eleição assume uma característica especial: Deus os chama e os envia como porta-vozes oficiais (cf. Is 49,1). O povo originado de Abraão será o depositário da promessa feita aos patriarcas, o povo da eleição, chamado a preparar, um dia, o congraçamento de todos os filhos de Deus na unidade da Igreja; será a raiz sobre a qual serão enxertados os pagãos tornados crentes.

O Novo Testamento se apresenta como cumprimento tanto da expectativa do Messias, como do novo Israel. Cristo é, por excelência, o eleito do Pai, o Filho amado no qual o Pai se compraz (cf. Mt 3,17). É o santo e o Filho, recapitulador de todas as coisas, a pedra angular que sustenta o edifício de Deus (cf. 1Pd 2,4). Na Carta aos Hebreus, vê-se a excelência do Filho: "De fato, a qual dos anjos Deus disse alguma vez: 'Tu és meu Filho, eu hoje te gerei'? Ou ainda: 'Eu serei para ele um pai e ele será para mim um filho'? E a qual dos anjos disse alguma vez: senta-te à minha direita, até que eu ponha teus inimigos como apoio sob os teus pés?" (cf. Hb 1,5.13).

> O povo originado de Abraão será o depositário da promessa feita aos patriarcas, o povo da eleição, chamado a preparar o congraçamento, um dia, de todos os filhos de Deus na unidade da Igreja; será a raiz sobre a qual serão enxertados os pagãos tornados crentes (*Catecismo da Igreja Católica*, n. 60).

A Igreja constitui o novo povo eleito. A eleição dos doze discípulos demonstra a intenção de Jesus de reconstruir o novo povo de Deus em continuidade a Israel, o povo da antiga aliança. Jesus escolhe os discípulos e os envia. As comunidades cristãs e seus chefes realizam escolhas e confiam missões a pessoas (cf. At 6,5). Pela eleição, Israel se torna a *convocação do Senhor* (*qahal Iahweh*), a comunidade que espera a *qahal escatológica*. A Igreja, novo Israel, será chamada *convocação de Deus* (*ekklesia tou Theou*). A Igreja nasce, portanto, da convocação de Cristo e do Espírito. Os cristãos são *chamados por Jesus Cristo à unidade* (cf. Rm 1,7), para serem justificados e glorificados. Constituem a comunidade dos que o Pai chamou do mundo para formarem a sua *Ekklesia*, em vista da comunhão (cf. Ef 4,4-6).

> Na linguagem cristã, a palavra *Igreja* designa a assembléia litúrgica, mas também a comunidade local ou toda a comunidade universal dos crentes. Esses três significados são inseparáveis. A *Igreja* é o povo que Deus reúne no mundo inteiro. Existe nas comunidades locais e se realiza como assembléia litúrgica, sobretudo eucarística. Ela vive da Palavra e do Corpo de Cristo e se torna, assim, Corpo de Cristo (*Catecismo da Igreja Católica*, n. 752).

O chamado é obra essencialmente divina, maravilha da graça, que pode ser encontrada em todas as fases da história da salvação. Os sacramentos são os sinais mais eminentes desse chamado divino. Em vários níveis e modos, continuam a realizar, no tempo da Igreja, a gratuidade da eleição. Esse mistério diz respeito a cada pessoa, nas diversas circunstâncias de sua vida.

O batismo insere o ser humano no povo eleito, tornando-o membro do sacerdócio régio, nação santa, povo que ele conquistou para proclamar os grandes feitos daquele que nos chamou das trevas à luz maravilhosa (cf. 1Pd 2,9). A confirmação desperta a consciência dessa escolha, a fim de que o cristão corresponda responsavelmente à grandeza da missão (cf. Ef 4,1). Pela eucaristia, a Igreja é *convocada* a celebrar, sob os sinais do pão e do vinho, o mistério pascal como fonte e cume de toda a vida cristã (cf. *Sacrosanctum Concilium*, n. 10), e, assim, garantir permanentemente o chamado à santidade e à vida em plenitude. Por meio do sacramento da reconciliação, aqueles que se afastaram da comunidade de Jesus são chamados a retornar; resgatados pelo Senhor, cantarão louvores e experimentarão a alegria sem fim (cf. Is 35,10). Pelo sacramento da ordem, o Senhor infunde seu Espírito de serviço naqueles que escolheu desde o seio materno para serem pastores do seu povo, a exemplo de Cristo, o Bom Pastor, que dá a vida por suas ovelhas (cf. Jo 1,11). A unção dos enfermos convoca o cristão a participar dos sofrimentos de Cristo, a fim de que possa experimentar a alegria de sua glória (cf. 1Pd 4,13).

Unindo-se em matrimônio, os esposos cristãos são convidados a viver no amor e na fidelidade, perdoando-se mutuamente e a se revestirem de misericórdia, bondade, humildade, mansidão e paciência, para que possam se amar como Cristo ama a Igreja (cf. Ef 5,25).

PARA REFLETIR

- A vocação é elemento constitutivo da revelação do Antigo e do Novo Testamentos.
- A eleição divina é um ato livre e gratuito de Deus, que escolhe para além das previsões humanas.
- A eleição dos Apóstolos demonstra a intenção de Jesus de reconstruir o novo povo de Deus, a Igreja.
- Os sacramentos são os sinais mais eminentes desse chamado de Deus.

REZANDO COM A IGREJA – Jr 1,5-10

O Senhor me chamou e me enviou!

"Antes de formar-te no seio de tua mãe,
eu já te conhecia;
antes de saíres do ventre, eu te consagrei
e te fiz profeta para as nações."

"Ah! Senhor Deus,
não sei falar, sou uma criança."

"Não digas: 'sou uma criança',
pois a quantos eu te enviar irás,
e tudo o que eu te mandar dizer, dirás.
Não tenhas medo deles,
pois estou contigo para defender-te."

O Senhor estendeu a mão,
tocou-me a boca e disse:
"Eu ponho minhas palavras em tua boca.
Hoje eu te coloco contra nações e reinos,
para arrancar e para derrubar,
devastar e destruir,
para construir e para plantar."

3

A graça da libertação

A história da salvação resume os gestos libertadores de Deus com relação à humanidade. De modo particular, esses atos se fazem sentir na história de Israel, o *povo eleito*. No Antigo Testamento, a libertação constitui um tema central, chave de leitura para compreender a Aliança entre Iahweh e Israel. O acontecimento da saída do Egito é fundamental e se situa na origem da fundação do povo eleito.

Libertado da escravidão do faraó, Israel passa ao serviço de Iahweh. Precisamente quando os hebreus estavam na absoluta impossibilidade de se salvarem por si próprios, o poder de Deus se manifesta, e o que é impossível aos seres humanos torna-se realidade, por obra de Deus: a libertação. Israel vê o poder de Iahweh e crê nele e em Moisés, seu servo (cf. Ex 14,30-34). Às margens do mar Vermelho nasce a primeira *liturgia pascal!*

Há dois elementos inseparáveis e complementares: a libertação de todas as servidões do pecado pessoal e social, de tudo o que transvia o homem e a sociedade e tem sua fonte no egoísmo, no mistério da iniqüidade, e a libertação para o crescimento progressivo no ser, pela comunhão com Deus e com os homens, que culmina na perfeita comunhão do céu, onde Deus é tudo em todos e não haverá mais lágrimas (*Puebla*, n. 482).

A libertação do exílio da Babilônia, *o segundo êxodo*, como o primeiro, é expressão da gratuidade de Deus (cf. Is 45,13; 52,3). Essa libertação implica, contudo, um resgate do pecado e de suas conseqüências (cf. Is 40,2), que o *Servo de Iahweh* promoverá. Iahweh, o libertador, será também o redentor.

Os últimos séculos que precedem a vinda do Messias são marcados pela espera da libertação definitiva (cf. Is 45,17). "Ele vai redimir Israel de todas as suas culpas" (Sl 130,8). O Novo Testamento anuncia que essa libertação acontece em Jesus Cristo e que ela se identifica com a libertação última, escatológica. As palavras, os gestos, as atitudes e os milagres de Jesus são *sinais* dessa ação libertadora. Por sua morte e ressurreição, Jesus redime a humanidade, restituindo-lhe a liberdade dos filhos de Deus (cf. Gl 5,1).

Quem tem sobre o homem a visão que o cristianismo dá, assume, por sua vez, o compromisso de não poupar sacrifícios para garantir a todos a condição de autênticos filhos de Deus e irmãos em Jesus Cristo. Destarte, a evangelização libertadora tem sua plena realização na comunhão de todos em Cristo, segundo a vontade do Pai de todos os homens (*Puebla*, n. 490).

Essa libertação deve, no entanto, ser estendida a todos os povos e nações, de todos os lugares e de todos os tempos. Essa é a missão da Igreja que Cristo institui, convoca e envia ao mundo, com a força do Espírito. O *kerigma* é marcado pelo anúncio da libertação trazida por Jesus. Paulo a apresenta como superação do pecado (cf. Rm 5,12). As *maravilhas* da libertação do Antigo Testamento renovam-se na Igreja para os que crêem em Cristo libertador e salvador. No evangelho de João, Jesus se apresenta como *aquele que tira o pecado do mundo* (cf. Jo 1,29).

A libertação inaugurada por Jesus ressuscitado, da qual cada ser humano participa por meio do ministério da Igreja e dos sacramentos, ainda não se manifestou inteiramente; somente será perfeita no fim dos tempos, quando todas as potências hostis serão submetidas por Deus à impotência. O Cordeiro morto e ressuscitado terá a vitória final (cf. Ap 5,5-10; 14,1-15).

Os *momentos fortes* dessa libertação de Cristo na Igreja são os sacramentos. Pelo batismo fomos sepultados com Cristo em sua morte, para que como Cristo foi ressuscitado dos mortos pela ação gloriosa do Pai, assim também vivamos uma vida nova (cf. Rm 6,4). O *filho da escrava* (antiga Lei) nasceu segundo a carne, mas o *filho da livre* (nova Aliança) nasceu em virtude da promessa (cf. Gl 4,23). A *Jerusalém do alto*, a Igreja, ao contrário, é livre, e é nossa mãe (cf. Gl 4,26). É para a liberdade que Cristo nos resgatou. "Ficai firmes e não vos deixeis amarrar de novo ao jugo da escravidão" (Gl 5,1).

O Espírito Santo, Dom conferido pelo sacramento da confirmação, leva ao amadurecimento essa liberdade. Constitui o segundo passo no caminho em direção à plena participação no mistério de Cristo na eucaristia, alimento permanente de liberdade, e também a certeza de libertação definitiva, quando o Cristo vier. O sacramento da reconciliação celebra a conversão e a libertação do jugo do pecado. Festeja o retorno de cada *filho pródigo* que deseja retomar a intimidade com o Pai.

O *ministério da libertação* é conferido à Igreja e confiado ao zelo pastoral dos bispos e dos presbíteros pelo sacramento da ordem, a fim de que acolham no perdão e na paz os irmãos que voltam da escravidão do pecado. A unção dos enfermos liberta os fiéis de todas as amarras do pecado, do sofrimento, da falta de perspectiva para a vida, integrando-os num novo equilíbrio. A finitude será vista, então, não como um empecilho à realização da liberdade plena, mas como uma dimensão necessária da existência humana. Enfim, o sacramento do matrimônio une pessoas livres para a fidelidade e o amor, e concede aos esposos cristãos a capacidade de renunciar ao egoísmo, tudo desculpando, crendo tudo, esperando tudo, tudo suportando (cf. 1Cor 13,7), seguindo o exemplo do amor libertador de Cristo pela Igreja.

PARA REFLETIR

- A história da salvação reúne os gestos libertadores de Deus em relação à humanidade.
- O poder libertador de Iahweh se manifesta, e o que é impossível a Israel torna-se realidade: a libertação do Egito (Ex 14,30-34).
- O Novo Testamento anuncia que a verdadeira e definitiva libertação acontece em Jesus Cristo e se atualiza historicamente, de modo particular, no mistério de Cristo-Igreja.
- Os sacramentos constituem *momentos salvíficos* em que a Igreja celebra a libertação.

REZANDO COM A IGREJA – Is 42,1-4.6-8

Eis o meu servo, dou-lhe o meu apoio.
É o meu escolhido, alegria do meu coração!

Pus nele o meu espírito,
ele vai levar o direito às nações.
Não grita, não levanta a voz,
lá fora ninguém escuta o que ele fala.

Não quebra o ramo já machucado,
não apaga o pavio já fraco de chama.

Fielmente promoverá o que é de direito,
sem amolecer e sem oprimir,
até implantar o direito no país,
e as ilhas distantes aguardarem sua lei.

Eu, o Senhor, te chamei para a justiça
e te tomei pela mão.
Eu te formei e te encarreguei
de seres a aliança do meu povo
e a luz das nações,
para abrires os olhos aos cegos,
tirares do cárcere os prisioneiros,
da masmorra os que estão no prisão escura.

Eu sou o Senhor, esse é o meu nome;
a outro não darei a minha glória,
nem cedo aos ídolos o louvor que me pertence.

O amor que faz aliança

Do princípio ao fim da história da salvação, Deus faz aliança com o ser humano. Israel tem consciência de ser o povo eleito por Deus, o *povo da aliança*, baseado sobretudo na fidelidade de Iahweh. Segundo o Pentateuco, há quatro momentos históricos dessa aliança: Da Criação até Noé, de Noé até Abraão, de Abraão até Moisés e de Moisés até Josué. O retorno do exílio da Babilônia é considerado a renovação da aliança entre Deus e seu povo. Na reflexão dos profetas acerca da aliança, identificamos duas linhas fundamentais: uma, de chamado ao aprofundamento da antiga aliança, e outra, de promessa e de anúncio de uma aliança nova e definitiva.

Um dia chegará – oráculo do Senhor –, quando hei de fazer uma nova aliança com a casa de Israel e a casa de Judá. Não será como a aliança que fiz com seus pais, quando pela mão os peguei para tirá-los do Egito. Essa aliança eles quebraram, mas continuei senhor deles – oráculo do Senhor. Esta é a aliança que farei com a casa de Israel a partir daquele dia – oráculo do Senhor –, colocarei a minha lei no seu coração, vou gravá-la em seu coração; serei o Deus deles e eles, o meu povo. Ninguém mais precisará ensinar seu irmão, dizendo-lhe: "Procura conhecer o Senhor!" Do menor ao maior, todos me conhecerão – oráculo do Senhor. Já terei perdoado suas culpas, de seu pecado nunca mais me lembrarei (Jr 31,31-34).

A encarnação do Filho de Deus constitui o fundamento da *nova e eterna aliança*. Em Jesus, o próprio Deus une a si, de modo irrevogável, a natureza humana. Cristo, ele próprio, é a *nova e eterna aliança* (cf. Lc 22,20; 1Cor 11,23). A Última Ceia constituiu também a última celebração da antiga aliança e, simultaneamente, a inauguração da *nova e única aliança*, celebrada no sangue de Cristo (cf. Hb 8,6-12).

Graças a essa *nova e eterna aliança em Cristo*, os cristãos, pelo dom do Espírito de Jesus, dela participam (cf. Rm 8,1-17). A promessa converge para o seu cumprimento; e a Igreja, novo povo de Deus, *povo da nova e eterna aliança,* é chamada a anunciar a todos os povos da terra as *maravilhas de Deus,* manifestadas em Cristo, no dom do seu Espírito (cf. 1Pd 2,9). A aliança de Cristo com a Igreja é vista por João na perspectiva das *núpcias eternas* (cf. Jo 3,29-30). Paulo prefere ver aí o modelo do próprio amor conjugal, o amor de Cristo pela Igreja (cf. Ef 5,21-27.31-32).

A Igreja recebe de Cristo, seu esposo, os bens que lhe são próprios, num contexto de fidelidade, justiça e amor. Os sacramentos se inserem nesse contexto, celebrando, cada um a seu modo, a aliança definitiva. Cristo se apresenta como a aliança eterna entre Deus e a humanidade. Também para ele a aliança se faz através de um êxodo. No Evangelho, Moisés e Elias falam do seu *êxodo,* sua morte e de seu ingresso na glória (a face de Cristo muda de aspecto e suas vestes fulgurantes indicam a ressurreição).

O batismo une o cristão a Cristo, pelo mistério de sua morte e ressurreição (cf. Rm 6,3-11). É o primeiro ato eclesial da nova aliança. Pelo sacramento da confirmação, a ação do Espírito Santo e a responsabilidade do cristão em ser fiel à aliança batismal se tornam mais explícitas e aprofundadas. A eucaristia, memorial por excelência da nova e eterna aliança, leva à plenitude o compromisso do batismo. O batismo introduz na aliança. Na confirmação, o Espírito constitui a garantia da fidelidade à nova aliança. A eucaristia leva à perfeição o compromisso da aliança. A antiga aliança do Sinai entre Deus e Israel se realizou em três momentos sucessivos: a manifestação de Deus a seu povo (cf. Ex 19), a entrega do decálogo como lei institucional (cf. Ex 20,1-21) e o código da aliança (cf. Ex 20,22-23,33). A aliança foi concluída e sancionada solenemente com os sacrifícios de comunhão (cf. Ex 24). A nova e eterna aliança entre Deus e a humanidade se realizou também através de três momentos semelhantes àqueles: a manifestação de Deus em Cristo (cf. Mc 1,10-11; 9,2-8), o decálogo, levado à sua pureza e integridade, ao seu cumprimento (cf. Mt 5,17-48) e o novo código: as bem-aventuranças e o mandamento novo do amor (cf. Mt 5,1-6; 6-7; Jo 13,34-35). Também a nova aliança foi concluída e sancionada solenemente no *verdadeiro sacrifício de comunhão* no sangue de Cristo (cf. Mc 14,22-24).

O sacramento da reconciliação recompõe a aliança desfigurada pelo pecado. Pelo sacramento da ordem, a Igreja constitui ministros do perdão sacramental. A unção dos enfermos confere ao cristão, provado pela doença, a graça de Cristo, no sentido de neutralizar as forças da enfermidade, que destroem a vida. Levam, assim, o doente a confirmar a aliança com Cristo, pela oferta de sua dor e de si mesmo. Pelo sacramento do matrimônio, a Igreja celebra e abençoa a união e o amor definitivos dos esposos, à luz da aliança de Cristo com a Igreja (cf. Ef 5,32).

PARA REFLETIR

- A história da salvação anuncia o desejo de Deus de estabelecer aliança com a humanidade, por meio do povo de Israel.
- Em Jesus Cristo ocorre a nova e eterna aliança com a humanidade, mediante o ministério da Igreja (cf. Hb 8,6-12).
- Os sacramentos celebram, no tempo da Igreja, a nova e eterna aliança inaugurada por Cristo, em sua paixão, morte e ressurreição.

REZANDO COM A IGREJA – Jr 31,31-34

O amor do Senhor é para sempre!

"Um dia chegará —
oráculo do Senhor —,
quando hei de fazer uma nova aliança
com a casa de Israel e a casa de Judá.

Não será como a aliança que fiz com seus pais
quando pela mão os peguei
para tirá-los do Egito.

Essa aliança, eles a quebraram,
mas continuei senhor deles — oráculo do Senhor.

Esta é a aliança que farei com a casa de Israel:
a partir daquele dia — oráculo do Senhor —,
colocarei a minha lei no seu coração,
vou gravá-la em seu coração;
serei o Deus deles
e eles, o meu povo.

Ninguém mais precisará ensinar seu irmão,
dizendo-lhe: 'Procura conhecer o Senhor!'
Do menor ao maior,
todos me conhecerão —
oráculo do Senhor.

Já terei perdoado suas culpas,
de seu pecado nunca mais me lembrarei."

A morada de Deus entre nós

Em todos os níveis da história da salvação, Deus se apresenta como aquele que deseja habitar entre nós para introduzir a humanidade em sua vida plena, na morada celeste. "O Senhor enche o céu e a terra" (Jr 23,24). Ao mesmo tempo, o Senhor é o Deus pessoal, transcendente, que deu origem ao universo e ao ser humano, mas também está presente em cada realidade, conferindo a tudo um valor sacral. A criação é abençoada por Deus. O paraíso terrestre é o mundo da natureza em estado de graça.

Na linguagem da Bíblia, essa presença divina é simbolicamente enriquecida com formas e atributos humanos, os antropomorfismos. Deus está junto de cada um dos patriarcas (cf. Gn 6,13; 12,1; 26,4; 28,12-15). Caminha à frente do seu povo (cf. Ex 33,14-17). A presença de Deus na história, assinalada pelo templo, não se contrapõe ao *templo cósmico*, que revela a presença de Deus na obra da criação.

Habitarei no meio dos israelitas e serei o seu Deus. Eles reconhecerão que eu, o Senhor, sou o seu Deus que os fez sair do Egito para morar no meio deles – eu, o Senhor, seu Deus (Ex 29,45-46).

A presença do Senhor é, ao mesmo tempo, perceptível e oculta (cf. Ex 40,36-38). Somente depois que Israel alcançou sua unidade política, no reino de Davi, é que se começa a pensar em erguer um templo em Jerusalém (cf. 2Sm 7,1-17). Daí em diante, o templo torna-se o centro da unidade e do culto de Israel. Os salmos refletem maravilhosamente a liturgia do templo; cantá-los, longe do templo, significava unir-se ao culto e à oração ali celebrados.

Vinde, bendizei o Senhor, vós todos, servos do Senhor; vós que estais de serviço na casa do Senhor durante as noites. Levantai as mãos para o santuário e bendizei o Senhor. De Sião te abençoe o Senhor, que fez o céu e a terra (Sl 134).

A presença de Deus no templo não deixava, contudo, de provocar ambigüidades, uma vez que, para a maioria do povo, bastava a certeza dessa presença para se sentir seguro e protegido. Os profetas chamavam a atenção para esse desvio: "Não basta dizer: Este é o templo do Senhor, o templo do Senhor, o templo do Senhor" (Jr 7,4). É preciso ser fiel à aliança, celebrar o *culto espiritual*, nascido da religião do coração, do compromisso, da fidelidade ao Senhor (cf. Jr 31,31-34). Deus não é *propriedade* de um povo e pode estar em toda parte. Anuncia sua morada no coração do ser humano, por meio de uma *nova lei, um novo espírito, um coração novo de Israel espiritual* (cf. Ez 36,23-28).

Com Cristo, a *shekinah*, a morada do Senhor, torna-se história: a humanidade de Cristo é a *nova shekinah*, o novo templo (cf. Jo 1,14). Maria é chamada "templo de Deus e arca da aliança"; aquele que dela nasceu é o *Emanuel*, Deus-conosco (cf. At 1,23). Jesus anuncia que ele é maior do que o templo (cf. Mt 12,6). O sinal do novo templo espiritual é o Corpo de Cristo (cf. Jo 2,19-22). A humanidade de Cristo glorioso constitui agora o centro do culto que se realiza em espírito e verdade (cf. Jo 4,21-24). Na cruz, quando tudo estiver consumado, o véu do templo de Jerusalém se rasgará pelo meio (cf. Lc 23,46). O novo templo é agora Cristo glorioso, o santuário celeste (cf. Hb 10,19-20).

> Quem está em todo lugar, imenso e próximo em toda parte, conforme o testemunho dado por ele mesmo: *Eu sou o Deus próximo e não o Deus de longe?* Não busquemos, então, longe de nós a morada de Deus, que temos dentro de nós, se o merecemos. Habita em nós como a alma no corpo, se formos seus membros sadios, mortos ao pecado. Então verdadeiramente mora em nós aquele que disse: *Habitarei neles e com eles andarei*. Se, portanto, formos dignos de tê-lo em nós, em verdade seremos vivificados por ele, como membros vivos seus. *Nele*, assim diz o Apóstolo, *vivemos, nos movemos e somos*. (Intruções de são Columbano, abade, séc. VII, *Liturgia das horas*, Quinta-feira da sétima semana do Tempo Comum).

Cristo glorioso, *Cristo total*, constitui agora a Cabeça da Igreja. A morada de Deus é, portanto, a comunidade cristã que, por obra do Espírito, torna-se templo feito de *pedras vivas* (cf. 1Pd 2,4-5), *templos do Espírito Santo* (cf. Ef 2,19-22), e presença de Cristo entre os seus, a *qahal Iahweh, ekklesia tou Theou* (assembléia do Senhor, Igreja de Deus). Nela se presta a Deus o culto em espírito e verdade. Os membros individuais dessa comunidade eclesial também são templos de Deus (cf. Ap 21,22-23). O *novo paraíso* está definitivamente realizado (cf. Gn 2,3; Ap 22.2-5).

A incorporação à Igreja constitui o elemento fundamental do batismo. "De fato, todos nós, judeus ou gregos, escravos ou livres, fomos batizados num só Espírito para formarmos um só corpo, e todos nós bebemos de um único Espírito" (1Cor 12,13). Pelo sacramento da confirmação, aqueles que se tornaram *morada de Deus* pelo batismo recebem o Dom inefável, o próprio Espírito Santo, e são enriquecidos com força especial, a fim de que possam, com mais coragem, difundir e defender a fé, por palavras e atos, como verdadeiras testemunhas de Cristo (cf. *Lumen Gentium*, n. 14).

Na eucaristia, Jesus é, por excelência, o *Deus-conosco*; quer morar em nós, para que possamos nele viver para sempre (cf. Jo 14,3). A *habitação de Deus* destruída ou danificada pelo pecado é devidamente restaurada pelos méritos da paixão, morte e ressurreição do Senhor, particularmente por meio do sacramento da reconciliação. A ordem institui os *servos fiéis e prudentes* que o Senhor encarregou de cuidar de sua casa e de servir alimento a todos (cf. Mt 24,45). A enfermidade desfigura as pessoas, templos do Espírito; na unção dos enfermos o Senhor vem em nosso auxílio, liberta-nos do pecado, salva-nos e alivia os sofrimentos; habita em nós e nos faz sua morada. No sacramento do matrimônio, os esposos cristãos são chamados à unidade e ao amor tão profundos, que "o homem deixará o pai e a mãe e se unirá à sua mulher, e eles serão uma só carne"! (Gn 2,24).

A liturgia da Igreja torna-se, pois, a antecipação da liturgia celeste, e os sacramentos são *penhores* dos bens futuros. A vida cristã é uma esperança e uma feliz certeza da manifestação da glória dos filhos de Deus.

PARA REFLETIR

- Deus se apresenta como aquele que deseja habitar entre nós, a fim de introduzir a humanidade na eterna habitação, a morada celeste.
- A presença do Senhor é, ao mesmo tempo, perceptível e oculta. Ele deseja morar no coração de cada criatura (cf. Ex 40,36-38).
- Cristo, morto e ressuscitado, constitui a morada definitiva de Deus, o templo de Deus (cf. Hb 10,19-20).
- Os sacramentos nos introduzem neste templo, que é Cristo, para, por ele, com ele e nele, nos tornarmos, também nós, templos vivos de Deus.

REZANDO COM A IGREJA – Sl 139

Senhor, tu me examinas e me conheces,
sabes quando me sento e quando me levanto.

Penetras de longe meus pensamentos,
distingues meu caminho e meu descanso,
sabes todas as minhas trilhas.

A palavra ainda não me chegou à língua
e tu, Senhor, já a conheces toda.
Por detrás e pela frente me envolves
e pões sobre mim a tua mão.

Para mim, tua sabedoria é grandiosa,
alta demais, eu não a entendo.
Para onde irei, longe do teu espírito?
Para onde fugirei da tua presença?

Eu te louvo, porque me fizeste maravilhoso;
são admiráveis as tuas obras.
Como são profundos para mim teus pensamentos,
como é grande seu número, ó Deus!

6

O caminho da santidade

No Antigo Testamento, a santidade é característica primeiramente de Iahweh, enquanto ele é o *absolutamente separado* de toda a Criação, *o transcendente, o inefável*. As pessoas e as demais realidades são chamadas *santas* na medida em que participam, de algum modo, da santidade de Deus. Na verdade, só Deus é santo; ele reside no *santo dos santos*, dentro do templo.

A santidade de Deus é o centro inacessível de seu mistério eterno. Ao que, deste mistério, está manifestado na criação e na história, a Escritura chama de *glória, a irradiação de sua Majestade*. Ao criar o homem à sua imagem e semelhança, Deus o coroa de glória, mas, pecando, o homem é privado da glória de Deus (*Catecismo da Igreja Católica*, n. 2809).

A santidade de Deus se manifesta, por exemplo, no episódio da *sarça ardente* (cf. Ex 3,5-6), na *teofania* do Sinai (cf. Ex 19,3-20), naqueles que se apoderaram da *arca da aliança* (cf. 1Sm 6,19-20), na *nuvem* que encheu o templo, quando inaugurado por Salomão (cf. 1Rs 8,10-11), na *profecia* de Oséias (cf. Os 11,9), na *visão* de Isaías e de Jeremias (cf. Is 1,4; 5,16.19.24; 6,3; Jr 50,29). Diante da santidade divina, o ser humano percebe toda a sua pequenez. Mais que um atributo divino, a santidade caracteriza o próprio Deus, em sua realidade mais íntima e em sua atuação no mundo.

Israel é o *povo santo* de Iahweh (cf. Ex 23,30). O *Santo de Israel* apresenta-se também como o *redentor*, aquele que resgatará seu povo da opressão (cf. Is 43,14-15). A santidade torna-se, igualmente, um dom prometido para os últimos tempos da salvação (cf. Dn 7,18.27).

No Novo Testamento, a santidade se relaciona ao mistério da redenção operada por Cristo, pois só ele é o *Santo* por excelência e o santificador. Os cristãos podem assumir o nome de *santos*, porque formam o sacerdócio real, a nação santa, que proclama as maravilhas de Deus (cf. 1Pd 2,9-10).

A santidade de Cristo está vinculada ao mistério de sua filiação divina, que é obra do Espírito Santo (cf. Mt 1,18; Lc 1,35). A identidade de filho pertence ao seu próprio ser, e, ao mesmo tempo, é idêntica à de Deus, seu Pai (cf. Jo 17,11). Para os apóstolos, Jesus é o *servo de Deus,* absolutamente santo (cf. At 3,14; 4,27-30). É também o *santificador:* "Convertei-vos, e cada um de vós seja batizado em nome de Jesus Cristo, para o perdão dos vossos pecados, e receberá o dom do Espírito Santo" (At 2,38).

O Verbo se fez carne para ser nosso modelo de santidade. "Tomai sobre vós o meu jugo e aprendei de mim..." (Mt 11,29). "Eu sou o caminho, a verdade e a vida; ninguém vem ao Pai a não ser por mim" (Jo 24,6). E o Pai, no monte da transfiguração, ordena: "Ouvi-o" (Mc 9,7) (*Catecismo da Igreja Católica,* n. 459).

Graças ao batismo, os cristãos são inseridos na morte de Cristo e emergem da sua graça, participando da própria santidade de Deus (cf. 1Cor 1,2). São *santos,* porque Deus os elegeu (cf. Rm 1,6). O sacramento da confirmação celebra o *Dom* santificador, que leva à plenitude a santidade batismal. A eucaristia, ao mesmo tempo, celebra o Deus três vezes santo e o declara fonte de toda a santidade: "Ele nos faz todos ser mais santos, e dá vida e santidade a todas as coisas. Desde a criação do mundo faz bem a cada um de nós para sermos santos, como ele é santo" (*Oração Eucarística,* n. 2).

Por serem os membros do Corpo, cuja Cabeça é Cristo, os cristãos contribuem pela constância de suas convicções e seus costumes, para a *edificação da Igreja.* A Igreja aumenta, cresce e se desenvolve pela santidade dos seus fiéis, até que alcancemos todos nós o estado de homem perfeito, a medida da estatura da plenitude de Cristo (*Catecismo da Igreja Católica,* n. 2045).

O sacramento da reconciliação renova na santidade original aqueles que caíram em pecado. Por ocasião da celebração do sacramento da ordem pede-se que os corações dos ministros sejam renovados pelo espírito de santidade. Aos presbíteros, o bispo admoesta: "Recebe a oferenda do povo santo para apresentá-la a Deus. Toma consciência do que vais fazer e põe em prática o que vais celebrar, conformando a tua vida ao mistério da cruz do Senhor" (*Rito de Ordenação dos Presbíteros,* n. 135). A unção dos enfermos convida à santificação do sofrimento e da dor, com Cristo, o *Servo sofredor.* Pela graça do matrimônio, os esposos se santificam mutuamente, na vida de cada dia, tendo como parâmetro e certeza o amor santificador de Deus.

PARA REFLETIR

- Só Deus é santo.
- Israel é constituído povo santo de Deus (cf. Ex 23,30).
- Cristo é o *santo de Deus* (cf. At 3,14).
- Pela celebração dos sacramentos, a santidade se aprofunda, conforma e se configura ao próprio Cristo (cf. Ef 4,13).

REZANDO COM A IGREJA – Gl 5,16-18.24

*Se vivemos pelo Espírito,
procedamos também de acordo com o Espírito!*

Eu vos exorto:
deixai-vos sempre guiar pelo Espírito,
e nunca satisfaçais o que deseja uma vida carnal.

Pois o que a carne deseja é contra o Espírito,
e o que o Espírito deseja é contra a carne.

Se, porém, sois conduzidos pelo Espírito,
então não estareis sob o jugo da Lei.

Os que pertencem a Jesus Cristo
crucificaram a carne com suas paixões e desejos.

7

Testemunhas da fé e do amor

Jesus entra em contato com o ser humano, faz aliança com ele e o envia para falar e agir em seu nome. No Antigo Testamento as vocações têm como objetivo uma missão: Abraão (cf. Gn 12,1); Moisés (cf. Ex 3,10-16); Amós (cf. Am 9,15); Isaías (cf. Is 6,9); Jeremias (cf. Jr 1,7); Ezequiel (cf. Ez 3,1-4)... Na origem da vocação encontra-se a escolha, a vontade de Deus a ser cumprida pela pessoa. Nesse contexto situa-se o significado da mudança do nome, que Deus impõe aos que ele chama (cf. Gn 17,1; Is 62,2).

> Aprouve a Deus chamar os homens não só individualmente, sem qualquer conexão mútua, à participação de sua vida, mas constituí-los num só povo, no qual seus filhos, antes dispersos, se congregassem num corpo (*Ad Gentes*, n. 2).

O desígnio de Deus se realiza na história graças à obra, diversa e complementar, daqueles que, por sua vez, são escolhidos e enviados. Israel é escolhido dentre todas as nações para ser um *povo-farol* de toda a humanidade. Nem sempre Israel é fiel à sua missão; por isso Iahweh escolherá um *servo fiel*, que irá como luz das nações (cf. Is 42,6; 49,5), para prenunciar a missão do Messias que será enviado pelo Senhor (cf. Is 61,1-2).

Jesus se apresenta como o Messias de Deus (cf. Lc 4,17-21). É o enviado, o missionário em cujas mãos o Pai tudo deixou (cf. Mt 11,27): "Pois Deus enviou o seu Filho ao mundo, não para condenar o mundo, mas para que o mundo seja salvo por ele" (Jo 3,17). "Por que, então, acusais de blasfêmia àquele que o Pai consagrou e enviou ao mundo?" (Jo 10,36). "Assim como tu me enviaste ao mundo, eu também os enviei ao mundo" (Jo 17,18).

O Batismo de Jesus é, da parte dele, a aceitação e a inauguração da sua missão de Servo sofredor. Deixa-se contar entre os pecadores; é, já, o Cordeiro de Deus que tira o pecado do mundo (Jo 1,29); antecipa, já, o Batismo de sua morte sangrenta. Vem cumprir toda a justiça (Mt 3,15), ou seja, submeter-se por inteiro à vontade de seu Pai: aceita por amor este batismo de morte para a remissão de nossos pecados (*Catecismo da Igreja Católica*, n. 536).

A missão de Jesus prolonga-se na de seus discípulos, que, por isso mesmo, são chamados *apóstolos*. Envia dois a dois pelas aldeias e cidades (cf. Mc 6,6-13). Está presente na pessoa e na missão deles (cf. Lc 10,16; Jo 13,29). Missão que deve alcançar todas as pessoas (cf. Mt 18,1-9). Para manter sua Igreja fiel à missão, Jesus envia o Espírito Santo, que ensinará e recordará tudo (cf. Jo 14,26).

As várias vocações eclesiais, em sua diversidade e complementaridade, têm como fundamento a dimensão missionária da Igreja. Dessa forma, o Espírito continua as grandes obras, as maravilhas de Deus, no tempo atual.

Nascida da missão, pois, a Igreja é por sua vez enviada por Jesus; fica no mundo até quando o Senhor da glória voltar para o Pai. Ela permanece como *sinal*, a um tempo opaco e luminoso, de uma presença de Jesus, sacramento da sua partida e da sua permanência. Ela prolonga-o e continua-o; esta é exatamente toda a sua missão e a sua condição de evangelizadora, antes de mais nada, que ela é chamada a continuar (Paulo VI, Exortação Apostólica *Evangelii Nuntiandi*, n. 15).

Essa obra do Espírito realiza-se pela pregação da Palavra, pela celebração dos sacramentos e pela ação pastoral da Igreja. Com o batismo, os fiéis participam da missão da Igreja (cf. *Apostolicam Actuositatem*, n. 2), pois, inseridos no Corpo Místico de Cristo e robustecidos pela força do Espírito na confirmação, recebem do próprio Senhor o mandato para o apostolado. Impõe-se, pois, a todos os cristãos o dever de colaborar para que a mensagem divina da salvação seja conhecida e acolhida por todas as criaturas, em toda parte (cf. *Apostolicam Actuositatem*, n. 3).

A celebração da eucaristia termina com um *reenvio* (*Ite missa est*). A missa se encerra com um convite à missão, que se estende até que o Senhor venha. A reconciliação constitui um convite de retorno à missão, ao caminho da santidade, como o filho pródigo, a fim de festejar o perdão e o amor misericordioso do Pai. Em virtude do sacramento da ordem, os ministros ordenados participam, cada um a seu modo, da missão confiada por Cristo aos apóstolos, missão amplíssima e universal da salvação até os confins da terra. A unção dos enfermos convida os doentes a participarem da missão redentora de Cristo, oferecendo o seu sofrimento, por Cristo, com Cristo e em Cristo, ao Pai, como que completando em sua carne o que falta à paixão de Cristo (cf. Cl 1,24).

O amor, abençoado por Deus na celebração do matrimônio cristão, é destinado a ser fecundo e a realizar-se na obra comum de preservação da vida. "Deus os abençoou e lhes disse: sede fecundos, multiplicai-vos, enchei a terra e submetei-a" (Gn 1,28). É também missão dos esposos cristãos construírem uma vida de comunhão, à semelhança da Santíssima Trindade. Essa comunhão é confirmada, purificada e aperfeiçoada pela união com o mistério de Cristo, concedida pelo sacramento do matrimônio.

Evangelizar, para a Igreja, é levar a Boa-Nova a todas as parcelas da humanidade, em qualquer meio e latitude, e pelo seu influxo transformá-las a partir de dentro, e tornar nova a própria humanidade: "Eis que eu faço novas todas as coisas" (Ap 21,5). No entanto, não haverá humanidade nova, se não houver, em primeiro lugar, homens novos, pela novidade do batismo e da vida segundo o Evangelho (*Evangelii Nuntiandi*, n. 18).

PARA REFLETIR

- Na origem da vocação encontra-se a eleição divina; no seu termo, a vontade de Deus a ser cumprida: a missão (cf. Gn 17,1; Is 2,2).
- Jesus se apresenta como o enviado do Pai (cf. Lc 4,17-21).
- A missão de Jesus se prolonga na de seus discípulos (cf. Mc 6,6-13).
- Os sacramentos celebram a missionariedade de Cristo e da Igreja e são sinais abertos, em vista da missão.

REZANDO COM A IGREJA – Rm 10,8-18

Quão bem-vindos os pés
dos que anunciam boas novas!

"A palavra está perto de ti,
em tua boca e em teu coração."

Se, pois, com tua boca
confessares que Jesus é Senhor e,
no teu coração, creres que
Deus o ressuscitou dos mortos,
serás salvo.

"Todo aquele que nele crer
não passará vergonha."

"Todo aquele que invocar o nome do Senhor
será salvo."

"Senhor, quem acreditou em tua pregação?"
"A voz deles se espalhou por toda a terra
e as suas palavras
chegaram aos confins do mundo."

O julgamento de Deus é salvador

A fé cristã professa que Cristo: "Desceu à mansão dos mortos, ressuscitou ao terceiro dia, subiu aos céus, está sentado à direita de Deus Pai Todo-Poderoso, donde há de vir a julgar os vivos e os mortos"!

O Antigo Testamento atribui a Iahweh o termo *Sophet*, que significa o governante de um povo (cf. Dn 9,12), para indicar o juízo divino sobre as nações, dirigindo-as segundo os seus desígnios de justiça e de salvação (cf. Sl 67,5; 1Sm 2,10; Is 45,20-25). O Senhor não punirá o justo com o ímpio (Gn 18,23-32); ao contrário, o defenderá contra qualquer forma de injustiça (cf. Sl 1; Sb 5,1-14). Ao juízo divino todos os povos serão submetidos.

A mensagem do juízo final é apelo à conversão, enquanto Deus ainda dá aos homens o tempo favorável, o tempo da salvação (2Cor 6,2). O juízo final inspira o santo temor de Deus. Compromete com a justiça do Reino de Deus. Anuncia a bem-aventurada esperança (Tt 2,13) da volta do Senhor, que virá para ser glorificado na pessoa de seus santos e para ser admirado na pessoa de todos aqueles que creram (*Catecismo da Igreja Católica*, n. 1041).

O julgamento do Senhor ocorre cada vez que Israel é infiel à aliança. Os profetas fazem do tema do juízo de Deus um dos objetivos essenciais de sua pregação. Os tempos escatológicos serão ocasião do julgamento de Deus:

Ai dos que vivem suspirando pelo dia do Senhor! Que será para vós o dia do Senhor? Será treva – isto sim – e não luz! Será como alguém que foge de um leão e topa com um urso; ou que, entrando em casa, apóia a mão na parede, e é mordido pela cobra. Pois o dia do Senhor é de trevas e não de luz, escuridão sem claridade alguma (Am 5,18-20).

O Senhor se posiciona para denunciar, fica de pé para julgar os povos. O Senhor faz esta denúncia contra os anciãos e chefes do povo: "Fostes vós que devorastes a vinha! O que foi roubado dos pobres está em vossas casas! Por que esmagar o meu povo? Por que triturais o rosto dos pobres?" (Is 3,13-15).

Embora profundamente relacionada ao tema do juízo, a pregação de Jesus e, depois, a dos Apóstolos, assumiu nova característica porque, a partir do momento em que Jesus aparece no mundo, os últimos tempos são inaugurados.

Jesus é o juízo definitivo de Deus; cada homem é julgado tendo por base a aceitação ou a negação de Cristo e de sua obra redentora. Mateus descreve a morte de Jesus com o cenário do juízo escatológico (cf. Mt 27,45.51). João é ainda mais categórico:

> Quem crê nele não será condenado, mas quem não crê já está condenado, porque não acreditou no nome do Filho único de Deus. Ora, o julgamento consiste nisto: a luz veio ao mundo, mas as pessoas amaram mais as trevas do que a luz, porque as suas obras eram más (Jo 3,18-19).

O juízo do mundo coincide com a queda de satanás (cf. Jo 12,31) e o chamado de todos os seres humanos à salvação (cf. Jo 3,14-15). O Espírito Santo prometido convencerá o mundo do julgamento (cf. Jo 16,11). O juízo final nada mais será do que a ratificação última e pública do posicionamento assumido por cada pessoa diante de Cristo e de seu Evangelho.

> Quando o Filho do Homem vier em sua glória, acompanhado de todos os anjos, ele se assentará em seu trono glorioso. Todas as nações da terra serão reunidas diante dele, e ele separará uns dos outros, assim como o pastor separa as ovelhas dos cabritos. E colocará as ovelhas à sua direita e os cabritos à sua esquerda (Mt 25,31-33).

O tempo da Igreja é também, em seqüência ao juízo definitivo de Deus, tempo de julgamento já presente, embora ainda não visivelmente manifestado. É o momento de decisiva adesão à fé e à salvação: "Mas eles terão que prestar contas àquele que está pronto para julgar os vivos e os mortos" (1Pd 4,5), pois o juízo está às portas (cf. Tg 5,9), é iminente (cf. 1Ts 5,1-11). Aos filhos redimidos no sangue de Cristo, o juízo torna-se justificação (cf. Rm 5–6). O tempo da Igreja continua, portanto, sendo um tempo de escolha pró ou contra Cristo.

Na reflexão bíblica, há dois dados fundamentais: em primeiro lugar, Deus não aceita – nem pode aceitar – o que é contrário à verdade da salvação que ele realiza em favor das pessoas na história. Em segundo lugar, Deus tudo realiza, não para condenar, mas para salvar. Os sacramentos são expressões celebrativas, nas quais se concretiza esse juízo salvífico.

A justiça de Deus acontece por meio da fé em Jesus Cristo para todos os que crêem (cf. Rm 3,22). Deus a demonstra, a fim de ser justo e tornar justo todo aquele que se apóia na fé em Jesus (cf. Rm 3,26). Deus a constitui, no início, simultaneamente com a elevação à vida sobrenatural, núcleo central da graça do batismo. No sacramento da confirmação, o dom batismal transborda, porque o amor de Deus foi derramado em nossos corações pelo Espírito Santo, que nos foi dado (cf. Rm 5,5), nos liberta do pecado e nos torna servos da justiça (cf. Rm 6,18). A eucaristia atualiza, na plenitude sacramental, o juízo salvífico de Cristo, e evidencia que ele veio não para julgar o mundo, mas para salvá-lo (cf. Jo 12,47).

Pelo sacramento da reconciliação, de modo todo particular, o julgamento de Deus acontece para aqueles que se convertem e retornam ao bom caminho: "Sua língua celebrará a justiça, pois o sacrifício para Deus é um espírito contrito" (Sl 51,16.19). Aos ministros ordenados, modelos do rebanho e dispensadores do mistério de Cristo, o sacramento da ordem confere a diaconia da caridade, porque a misericórdia triunfa sobre o julgamento (cf. Tg 2,13), a fim de que, a exemplo de Cristo, o Bom Pastor, tenham compaixão da multidão (cf. Mc 8,2) e zelo pelo rebanho que lhes foi confiado.

A celebração da unção dos enfermos permite ao doente viver sua realidade, e no sofrimento, descobrir um dom, uma esperança que procede de Deus. A ressurreição de Jesus não resolveu todas as interrogações humanas sobre a enfermidade e a morte. Os cristãos enfermos, contudo, sentem que em Jesus há sentido em enfrentar o sofrimento e a morte com esperança.

O sacramento do matrimônio, ao mesmo tempo que celebra a consagração do amor mútuo, da fidelidade e da co-responsabilidade perante o dom da vida, desperta a consciência de que o tempo presente é breve, afastando os esposos das futilidades, pois a figura deste mundo passa (cf. 1Cor 7,31).

PARA REFLETIR

- O Antigo Testamento atribui a Iahweh o governo e o julgamento sobre as nações, segundo seus desígnios de justiça (cf. Sl 67,5).
- Cristo constitui o juízo definitivo de Deus; cada ser humano é julgado tendo como base a aceitação ou a negação de Cristo e de sua obra redentora (cf. Jo 3,18-19).

- Deus realiza seu julgamento em vista da salvação.
- Os sacramentos celebram o juízo salvífico de Deus em Jesus Cristo, mediante o ministério da Igreja.

REZANDO COM A IGREJA – Jo 3,16-21

De fato, Deus tanto amou o mundo,
que deu o seu Filho único,
para que todo o que nele crer
não pereça, mas tenha a vida eterna.

Deus enviou o seu Filho ao mundo,
não para condenar o mundo,
mas para que o mundo seja salvo por ele.

O julgamento consiste nisto:
a luz veio ao mundo,
mas as pessoas amaram mais as trevas
do que a luz, porque suas obras eram más.

Todo o que pratica o mal odeia a luz
e não se aproxima da luz,
para que suas ações não sejam denunciadas.
Quem pratica a verdade se aproxima da luz,
para que suas ações sejam manifestadas,
já que são praticadas em Deus.

Conclusão

Apesar de todo o esforço desenvolvido pela teologia e pela catequese litúrgica nos anos que se seguiram ao Concílio Vaticano II, os sacramentos são freqüentemente considerados meros ritos, relacionados em maior ou menor grau à vida diária dos cristãos.

Na verdade, deveriam constituir celebrações de vida, realidades profundamente ligadas à nossa história religiosa e humana. Por meio das situações humanas, das ações, dos símbolos e dos ritos, Deus se torna visível e realiza as maravilhas da salvação: "Ou os sacramentos entram nas passagens individuais ou coletivas e nas tensões da vida e da sociedade, ou as celebrações sacramentais tornar-se-ão enfadonhas, inúteis e mágicas, se as praticarmos sem referência às tensões, passagens ou conflitos" (Gérard Fourez, *Os sacramentos celebram a vida*, Petrópolis, Vozes, 1984, p. 15).

Os sacramentos não se reduzem a simples ritos: devem ser verdadeiros, isto é, eficazes em relação à libertação integral do ser humano. Conseqüentemente, não basta celebrá-los válida e licitamente, do ponto de vista jurídico; é preciso vivenciá-los como etapas do processo da História da Salvação, como encontros com Cristo, o Redentor do Homem, Caminho, Verdade e Vida.

A integração dos sacramentos aos diversos níveis da História da Salvação – criação; vocação; libertação; aliança; habitação; santificação; envio e julgamento – permitirá entender que eles não são apenas ritos, mas celebrações dos principais momentos salvíficos da presença de Deus na história da Igreja e na nossa história particular.

Sumário

Apresentação 5

I
SACRAMENTOS, VIDA DA IGREJA

1. O que são os sacramentos? 9
2. Cristo Caminho, Verdade e Vida: fundamento dos sacramentos 11
3. A Igreja celebra a vida que nasce dos sacramentos 15
4. As sete torrentes da graça de Deus 21
5. A iniciação no seguimento de Jesus 25

II
OS SACRAMENTOS ATUALIZAM A HISTÓRIA DA SALVAÇÃO

1. A fé em Deus Criador 33
2. A certeza da eleição divina 37
3. A graça da libertação 41
4. O amor que faz aliança 45
5. A morada de Deus entre nós 49
6. O caminho da santidade 53
7. Testemunhas da fé e do amor 57
8. O julgamento de Deus é salvador 61

Conclusão 65